ΞΕΝΗ ΓΗ

Ξένη Γη

Ποιητική συλλογή

ΑΝΑΣΤΑΣΙΑΣ ΔΟΥΜΑ

Copyright © 2022 Αναστασία Δούμα
Ξένη Γη / Ποιητική συλλογή
Ελληνική έκδοση

ISBN: 978-1-912315-74-1
e-ISBN: 978-1-912315-73-4

Imprint: Stergiou Books Limited

Αφιέρωση

Για την κόρη μου και τη μητέρα μου που η υποστήριξή τους ήταν απαραίτητη για τη δημιουργική μου πορεία.

Περιεχόμενα

Ξένη Γη 9
Άγνωστη 10
Μόνη κόρη 11
Βήματα 12
Πατρίδα 14
Φυλακή χωρίς κάγκελα 15
Οριστική παραμονή 16
Όνειρα 17
Ίδιες Δευτέρες 18
Χαμένη πατρίδα 19
Βλέμμα τρελού 21
Λήθη 22
Φόβος 23
Σκέψεις 24
Η ερημιά της ξενιτιάς 25
Μαύρη ώρα 26
Τρομαγμένη Ψυχή 27
Μακρινή ήπειρος 28
Σκοτεινά νερά 29
Αναμνήσεις 30
Το σακίδιο 31
Δυο πατρίδες 32
Χαμένη νιότη 33
Μονόλογος 34
Το τέλος 35
Ερωτηματικά 37
Τρέλα 38
Σταγόνες λύπης 40
Άβυσσος 41
Χαμένα χρόνια 42

Ξένη Γη

Νερό φουρτούνα στην ψυχή
δε βρίσκω ηρεμία
στου κεραυνού την αστραπή
μεγάλη τρικυμία.

Είναι στιγμές που δε μπορώ
βροχή τα δάκριά μου
γιατί με πέταξαν εδώ
και κόψαν τα φτερά μου.

Ο χρόνος τρέχει σαν παιδί
δε δίνει σημασία
κι εγώ φοβάμαι μη χαθώ
στης λήθης την ανία.

Ψυχή και σώμα, δυο ζωές
καημός και πόνος, δυο φορές
της νοσταλγίας η ματιά
κάνει το βλέμμα απλανές.

Χαρά ή λύπη δε νοώ
δε ξέρω πια και τι να ζω
μεγάλη είναι η μοναξιά
με θόλωσε η ξενιτιά.

Άγνωστη

Άγνωστη μεταξύ αγνώστων
πυρπολώ τη μοναξιά μου
η ανία με συνθλίβει
χάθηκαν τα όνειρά μου.

Γύρω μου πρόσωπα πολλά
με φιλική ίσως ματιά
να με αγγίξουν δε μπορούν
μόνο την όψη μου θωρούν.

Όψη γλυκιά μα και τρελή
γυρεύει να βρει το γιατί
στου κόσμου μέσα τα δεινά
αγκομαχάει σιγανά.

«Σταθείτε λίγο να σας πω
δε βλέπετε πως δε μπορώ;
Η πόρτα έκλεισε με μιας
πάει ο δρόμος της χαράς.»

Κι έμεινε μόνο η ξενιτιά
σφιχτά να με αγκαλιάζει
να παίρνει την ανάσα μου
και να με κομματιάζει.

Μόνη κόρη

Στη σκέψη το μυαλό τρομάζει
πως θα χαθεί η λογική
και θα περάσουνε τα χρόνια
στης λησμονιάς τη ξένη γη.

Πως θα χαθούν κι όσες ελπίδες
είχα πριν φύγω μακριά
και θα κλειστούν σε καταιγίδες
που δε θα δίνουν γιατρειά.

Πως όλοι πίσω θα ξεχάσουν
την κόρη που έδινε πολλά
που γιάτρευε με την καρδιά της
και σκόρπαγε παντού χαρά.

Και φάντασμα γοργά θα γίνω
του εαυτού μου μια σκιά
θα αναζητώ την ευτυχία
που δεν τη βρίσκω πουθενά.

Βήματα

Τη γη αυτή την πόνεσα
κι ας ένιωθα σαν ξένη
στα χέρια της αφέθηκα
στο χώμα το βρεγμένο
το πράσινο το βλέμμα της
με πόθο περιμένω.

Τα βήματά μου ήταν βαριά
τα πόδια φορτωμένα
με πίκρες και με βάσανα
βήματα ματωμένα
απ' την καρδιά κι απ' τη ζωή
απ' τη ψυχή βγαλμένα.

Και να οι πληγές, τόσο βαθιές
το αίμα δες πώς τρέχει
μοιάζει νερό το αίμα αυτό
που κόκκινο και ζοφερό
ποτίζει τούτο τον καημό.

Και της πατρίδας το κενό
συνέχεια μεγαλώνει
και τίποτα πια δε μπορώ
γιατί μαρτύριο σωστό
τη βλέπω αυτή τη χώρα
που κι αν μ' αγκάλιασε με μιας
με πέταξε στη μπόρα.

Στη μπόρα μέσα του μυαλού
που σαν την τρικυμία
με πνίγει μέχρι το λαιμό
σαν 'κείνο το λεπτό καρό

το φόρεμα που δε φορώ
και πέταξα και πάει.

Και πάνε οι ελπίδες μου
βουλιάξανε στο χώμα
το χώμα που με πρόδωσε
μα το φιλώ ακόμα.

Πατρίδα

Πατρίδα μου εσύ γλυκιά
πόσο σε λαχταράω
τα μέρη σου δεν ξέχασα
συνέχεια σε ζητάω.

Ζητάω τα ψηλά βουνά, τα γάργαρα νερά σου
την όμορφη τη θάλασσα με τη χρυσή της άμμο
κλείνω τα μάτια και βουτώ μες το βαθύ γαλάζιο
κι όλα τα πλάσματα της γης με μιας τα αγκαλιάζω.

Φιγούρες απ' τις εκκλησιές, μπροστά μου ξεπροβάλλουν
κι ο ήχος των καμπαναριών σα χάδι στα αυτιά μου
κι αυτή η θεία μουσική τυλίγει την καρδιά μου
που μόνη της απέμεινε εδώ στα ξένα μέρη
δίχως γνωστούς να την κρατούν απ' το μικρό της χέρι
που τότε την πηγαίνανε στα γνώριμα τα στέκια
και την περίσσια θέρμη τους συνέχεια της χαρίζαν
και τη φτωχή τη ζήση της με αγάπη τη γεμίζαν.

Τι κι αν εδώ που τριγυρνώ πλούσια είναι μέρη
εγώ τα νιώθω φτωχικά με κόβουν σα μαχαίρι
πώς θέλω εγώ ξανά να δω τον ήλιο της πατρίδας
τα βήματα με οδηγούν πατρίδα μου σε σένα
χώμα αγιασμένο φέρνω εγώ στα χείλη τα αναμμένα.

Φυλακή χωρίς κάγκελα

Πάλι τα ίδια σήμερα, τα ίδια με το χθες
τι φταίει ο χρόνος και ζητώ συνέχεια εξηγήσεις
επιλογή μου ήταν εδώ εγώ να συνεχίσω
και τη ζωή την άμοιρη σε φυλακή να κλείσω.

Μια φυλακή χωρίς φρουρούς
με κάγκελα ολούθε
κάγκελα που σχημάτισα μέσα στη φαντασία
και περικλείουν μια ζωή χωρίς καμιά ουσία.

Τι κι αν το θέλω σαν τρελή εγώ να δραπετεύσω
να βγω στο πλήθος, τη ζωή εγώ να κυριεύσω
κάτι ευθύς με σταματά, η τόση η δειλία
κι όλο με κάνει να μιλώ σα την παλιά Πυθία
και μαντεψιές κάνω σωρό, το μέλλον σα να βλέπω
μα δε τολμώ να ζήσω εγώ αυτό που αναζητάω
η φυλακή ορθώνεται και με κρατάει πίσω
και οι φρουροί της ξενιτιάς πάλι με σταματάνε
ορίζουνε τη μοίρα μου και με σφιχτοκρατάνε.

Οριστική παραμονή

Είναι βαρύ το τίμημα
της μοναξιάς σας λέω
σα το σταυρό το κουβαλώ
και μέρα νύχτα κλαίω.

Την πλάτη αισθάνομαι βαριά
από τον πόνο πέφτω
πώς να αντέξω την καρδιά
που πάλι σιγοκλαίει
κι όλο θυμάται τα παλιά
συνέχεια μουρμουρίζει
πως νιώθει τόση μοναξιά
το σιγοψιθυρίζει.

Πώς λαχταράω μια αγκαλιά
τα τόσα χάδια που 'χα
και την πνοή της συντροφιάς
παντού αναζητάω
φωνές παλιές να ακουστούν στο άδειο κέλυφός μου
'κείνες οι γνώριμες φωνές που δε τις λησμονάω
γιατί το μόνιμο κενό παρέα μόνο έχω
και τις σκιές ακολουθώ σαν άνθρωποι μου μοιάζουν
φαντάσματα είναι τελικά που τη ψυχή μου σκιάζουν.

Όνειρα

Τι ωφελεί το όνειρο
που τόσο κυνηγάω
που μου στοιχειώνει τη ζωή
μα εγώ το αναζητάω.

Τ' αναζητώ σε τόπους μακρινούς
σε τόπους τόσο παγερούς
της μοίρας μου τους πιο τρανούς
και πάλι δε το βρίσκω
κι όσο κι αν θέλω ζεστασιά
της λησμονιάς το ρίσκο
πετιέται σα το φάντασμα
και μέσα μου ορμάει
και φτάνει ως τα κόκκαλα
βαθιά με διαπερνάει.

Και λησμονώ τα πάντα εγώ
αυτά που θέλω και ποθώ
μακριά μου τα αφήνω
και ζω σ' αυτή τη ξενιτιά
του χρόνου που 'ναι πιο βαριά
απ' τη βαλίτσα την παλιά
που κι αν τα χώρεσε με μιας
τα ρούχα αυτά της συμφοράς
εγώ δε τα φοράω
γιατί θυμίζουνε το χθες
και της πατρίδας τ' όνειρο
που τόσο αναζητάω.

Ίδιες Δευτέρες

Η μουσική παρέα μου
οι νότες στον αέρα
γεμίζουν το δωμάτιο
κάθε πικρή Δευτέρα.

Δευτέρα που για μένανε
τίποτα δε σημαίνει
και ο καημός και ο οδυρμός
με βλέπουν πικραμένη.

Κοιτάζουν τη ψυχούλα μου
που κλαίει και φωνάζει
και μες το πλήθος που περνά
τα δάκρια μοιράζει.

Μα τι κοινό έχουν αυτοί
με μένα εδώ πέρα
αυτοί φορούν χαμόγελα
κι εγώ φορώ τη λύπη
αυτοί φορούν την άνοιξη
κι ας είναι και χειμώνας
και το ψυχρό το βλέμμα μου
κανείς τους δε το βλέπει
κι εγώ το αφήνω να περνά
μαζί με τον αέρα
που τα νερά τα πάγωσε
και βλέπω τη μορφή μου.

Κι ας μην αντέχω εγώ κοιτώ τη θλίψη μες τα μάτια
να μου θυμίζει πάντοτε πως έγινα κομμάτια
που το ένα έμεινε εδώ και το άλλο στην πατρίδα
και στη ζωή μου άφησε μονάχα την ελπίδα.

Χαμένη πατρίδα

Οι δρόμοι με τυλίγουνε
διχαλωτοί σαν φίδια
σε κοίταξα σου φώναξα
μ' απάντηση δεν πήρα.

Περιδιαβαίνω στα τυφλά
ψάχνοντας τη μορφή σου
σ' έχασα μέσα στα στενά
βοήθεια από πουθενά
πού να 'σαι τώρα πού γυρνάς
γιατί τα μάτια μου ξεχνάς.

Το φως του δρόμου λιγοστό
και το φεγγάρι σιωπηλό
κοιτάζει τη μορφή μου
συμπάσχει με τον πόνο μου
την πίκρα της ψυχής μου.

Κι εγώ σκοντάφτω στο κενό
και πέφτω δακρυσμένη
φωνάζω πως τη μοίρα μου
την έχουνε γραμμένη.

Γραμμένη στα κιτάπια τους
με πόνο κλειδωμένη
κι αν σηκωθώ και αν σταθώ
ο θρήνος παραμένει.

Και ο χαμός σου δυνατός
με καίει με συνθλίβει
και φτάνει ως τα κόκκαλα
την πίστη μου γκρεμίζει.

Και τριγυρνάω σαν τρελή
με γουρλωμένα μάτια
κι ο κόσμος όλος απορεί
για κοίτα την μα πώς μπορεί
πατρίδα αυτή να προσπερνά
σα να 'ναι αεράκι.

Μα αυτοί δε ξέρουν πως σ' αυτήν
το τέλος μου χαρίζω
και της ζωής μου το σκοπό
σιγά της ψιθυρίζω.

Βλέμμα τρελού

Κοιτώ το βλέμμα του τρελού
την έκφραση που παίρνεις
τα μάτια σου πώς με κοιτούν
βαθιά με συνεπαίρνεις.

Μα δε το βλέπεις πως κι εγώ
σε σένα πόσο μοιάζω
τα μάτια μου γυαλίζουνε
εσένα σαν κοιτάζω.

Μα δε μπορώ να φανταστώ
πώς θα 'ναι, πώς θα μοιάζει
χωρίς το βλέμμα του τρελού
συχνά να με κοιτάζει.

Νομίζω παίρνω δύναμη
αλλιώτικα τα βλέπω
και με περίσσια δύναμη
τα πάντα εγώ αντέχω.

Αντέχω να μη ζω πολύ
και μόνο ν' αναπνέω
παρέα με τους φόβους μου
τη μοναξιά να καίω
να καίω και τη λογική
που μοιάζει με φουρτούνα
που το καράβι γύρισε
και βούλιαξε και πάει
και το αμπάρι άδειασε
απ' όλο το φορτίο
κι έτσι εγώ απέμεινα
σαν ξεχασμένο πλοίο.

Λήθη

Θέλω να πέσω στο κενό
στου πεθαμού τη λήθη
να φύγω με γοργό ρυθμό
μακριά απ' τα κούφια πλήθη.

Κοράκια γύρω μου πολλά
όλη την ώρα κράζουν
με τα κατάμαυρα φτερά
την πλάση όλη σκεπάζουν.

Μήπως ετούτο το νερό
τόσο βαθύ, τόσο θολό
να γίνει ο τάφος μου με μιας
να πέσω μέσα να χαθώ;

Να σκεπαστώ απ' τα νερά
να μην υπάρχω πουθενά
και μες στης λίμνης να χαθώ
το βάλτο τον πρασινωπό.

Κι άσε τον κόσμο να γυρνά
τριγύρω όλο να ρωτά
για μένανε να ψάχνει
εγώ εξαφανίστηκα
μες στη βαθιά τη λίμνη
γιατί εκείνο που ζητώ
μόνο αυτή μου δίνει
της λησμονιάς την αγκαλιά
χωρίς στιγμή να κρίνει.

Φόβος

Νομίζω ήρθε η ώρα μου
νομίζω θα πεθάνω
στη ξένη γη που ζω καιρό
αρχίζω και τα χάνω.

Νύχτα βαριά και σκοτεινή
επάνω μου κρεμιέται
τα αστέρια δε τη βλέπουνε
στον πόνο μου κυλιέται.

Πηγάδι μαύρο και βαθύ
μοιάζει η αγωνία
που τελειωμό δεν έχει πια
χτυπάει με μανία.

Φόβος με πιάνει και μεθώ
τον πόνο να ξεχάσω
δε θέλω να έχω ξυπνημό
εδώ που θα πλαγιάσω.

Σκέψεις

Καθρέφτης είμαι της ψυχής
εξάρτημα της λογικής
οι σκέψεις γύρω μου πετούν
χοροπηδούν, στριφογυρνούν.

Θέλω τις σκέψεις μου κοντά
να μ' αγαπούν να με κρατούν
να παίρνουν μέσα μου ζωή
μέχρι την ύστατη πνοή.

Σκέψεις παλιές, σκέψεις νωπές
στριφογυρίζουνε στο χτες
αντιπαλεύουν το μυαλό
είναι κι εκείνο δες τρελό.

Άραγε αντέχει η λογική
μπροστά στην τρέλα του μυαλού
ή θα χαθεί στον πηγαιμό
μες στα σοκάκια του κενού;

Η ερημιά της ξενιτιάς

Η ερημιά της ξενιτιάς
θολώνει το μυαλό μου
και το ποτήρι της καρδιάς
δε ξέρω πού να ξεχυθεί
κι έτσι σβήνει μονομιάς
στεγνώνει απ' τη θλίψη
κι ό,τι θυμάται από το χθες
στη λήθη το χαρίζει
για να μπορεί κι αυτή η ψυχή
σε κάτι να ελπίζει.

Και σαν η μέρα ξεκινά
τις θύμησες κοιμίζει
μα ο πόνος που ξαναγυρνά
όπως τα στάχια ο γεωργός
γοργά τις αλωνίζει
πόνος βαθύς, πόνος στεγνός
που έγινε τώρα σαν πηγή
που πίκρες αναβλύζει
πίκρες που κατακλύσανε
τη δόλια τη ψυχή της
που λαχταρά να πιει χαρά
ευθύς να ξεδιψάσει
να σκάσει το χειλάκι της
και να χαμογελάσει
για να σκεφτεί πως κάπου εδώ
σ' αυτή την οικουμένη
το στίγμα της, το είναι της
πάντα θα παραμένει.

Μαύρη ώρα

Μαύρο πουκάμισο φορώ
αυτή τη μαύρη ώρα
πλημμύρησαν τα μάτια μου
σα να 'χει πέσει μπόρα.

Δε τα φορώ για άλλονε
τα πένθιμα τα ρούχα
μα τα φορώ για μένανε
τη μαύρη μοίρα που 'χα.

Να ο γκρεμός εκεί εμπρός
και πίσω είναι ρέμα
μαρμάρωσα στη θέση μου
και πάγωσε το αίμα.

Κοντοζυγώνει η αυγή
για μένα είναι νύχτα
νύχτα βαριά και τρομερή
στα πονεμένα στήθια.

Το κλάμα δεν εστέρεψε
στα μάτια μου λιμνάζει
ωκεανός τα δάκρια
τα πέλαγα ξαφνιάζει.

Τρομαγμένη Ψυχή

Ω εσύ τρομαγμένη, μικρή ψυχή
ζώσου τις θύμησες σαν πανοπλία σκληρή.

Και όρμα αγόγγυστα και με περίσσιο θάρρος
γίνε εσύ ο πιο τρανός, ο λαμπερός ο φάρος
ρίξε το φως και φώτισε της μοναξιάς το σκότος
γίνε εσύ ο πιο τρανός ο δυνατός ο κρότος
και σπάσε το χοντρό γυαλί που μέσα του φυλάει
εκείνα που αγάπησες, εκείνα που κρατάει
τα πρόσωπα που ξέχασες στο πέρασμα του χρόνου
κι έγιναν απόηχοι του πιο δικού σου πόνου
και χείμαρρος τα δάκρυα ποτάμια λες και μοιάζουν
σαν τα πουλιά μες τη φωλιά στο στόμα σου κουρνιάζουν
είναι πικρά, είναι στυφά, μα θέλεις να τα νιώσεις
γιατί έτσι σου θυμίζουνε ποτέ να μην προδώσεις
τις σκέψεις και τα όνειρα που έκανες δικά σου
με αυτά θα συμπορεύεσαι τι άλλο πια να νιώσεις;

Τι άλλο να χρειάζεσαι ό,τι δικό σου έδωσες ό,τι δικό σου είχες
αυτοί σου το αρπάξανε χωρίς να σε ρωτήσουν
και θέλησαν μέσα στη γη βαθιά να το βυθίσουν
μα αντί αυτό να ξεχαστεί άνθισε σα λουλούδι
και οι ανθοί σκορπίσανε κι αρχίσαν το τραγούδι
λυπητερό, όλο καημό για τα παλιά μιλούσε
και για παλιές απώλειες σου σιγοτραγουδούσε.

Μακρινή ήπειρος

Καταπέλτης δυνατός θα γίνω
σαν πέτρα της εκδίκησης πάνω σας θα πέσω
το κρασί της υποκρισίας σας δε θα πίνω
στο έγκλημά σας δε θα συναινέσω.

Με κρίματά σας εγώ αμάρτησα
βουβός λυγμός μέσα μου έγιναν
τον εαυτό μου δεν αγάπησα
σταγόνες αγάπης που όλες τους πνίγηκαν.
Λάθη και πάθη με κατρακύλησαν
στης πλάνη της ζωής μου εγώ βολεύτηκα
Τρελές εμμονές που ξαναγύρισαν
σε μακρινές ηπείρους εγώ παιδεύτηκα.

Κραυγές, αλαλαγμοί φτάσαν στα πέρατα
απ' τη ζωή μου τόσοι επέλασαν
πληγές με γέμισαν τα τέρατα
μορφή ανθρώπου που ξεγέλασαν.

Σκοτεινά νερά

Παραδομένη στις όχθες της μοναξιάς
βαθιά στα σκοτεινά νερά της
εσύ που πουλί που κελαηδάς
πάνω απ' τα μακριά μαλλιά της
σκύψε στον πόνο της καρδιάς
άκου τα βάσανά της

που αγκομαχάει πάλι εδώ στην ξένη τούτη χώρα
πού είναι οι φίλοι τα παιδιά
να παίξει να γελάσει
πού είναι η μάνα η καψερή
το χέρι να απλώσει
να της χαϊδέψει τα μαλλιά
κι αυτό το δόλιο το κορμί
απ' τον καημό να σώσει.

Της ξενιτιάς το πιο τρανό
που άλλο δεν αντέχει
γι' αυτό τη λίμνη διάλεξε
τον πόνο της να δώσει
να αφεθεί στα χέρια της
ευθύς να ξαλαφρώσει.

Αναμνήσεις

Τριγύρω το δωμάτιο μικρό και ξεχασμένο
και οι κορνίζες στη γωνιά κάπως να το στολίζουν
από μια άλλη εποχή τα πρόσωπα θυμίζουν.

Αγαπημένα πρόσωπα που πέρασαν και πάνε
μα στην καρδιά μας κατοικούν και πάντα μας φυλάνε
να ο παππούς! να η γιαγιά! για κοίτα μου γελάνε
κι ένα γλυκό μειδίαμα αισθάνομαι σαν τότε
που καραμέλες έτρεχα να πάρω απ' τα χέρια
τα ροζιασμένα και σκληρά σαν κοφτερά μαχαίρια.

Μα σε εμένα φαίνονταν λες κι ήτανε βαμβάκι
και πάνω μου αφήνανε το πιο απαλό χαδάκι
χάδι αγνό και τρυφερό
που όμοιο του δεν είχα
κι όσο κι αν γύρεψα παντού
μόνο σκληράδα βρήκα.

Το σακίδιο

Η ζωή μου τρεις βαλίτσες
τις αδειάζω τις γεμίζω
ξενιτιά και πάλι πίσω
ταλαιπώριες και φουρτούνες
που κουνιούνται σα μαούνες
πάλι πίσω να! γυρίζω.

Μόνο θλίψη και οδύνη
που με καίει σαν καμίνι
το σκοτάδι περιμένει
τη ζωή μου αναμένει.

Ένα σακίδιο στην πλάτη
γεμάτο δύναμη χαρά
έτσι θα τρέξει πάλι η βρύση
θα πλημμυρίσω ζεστασιά
και η ζωή πάλι θα ανθίσει
κι όλα θα είναι όπως παλιά.

Δυο πατρίδες

Ξένη εκεί, ξένη εδώ
σε ποια πατρίδα να βρεθώ
δίχως να νιώσω το κενό
που κατακλύζει το εγώ
κι όσα κι αν ζω κι όσα κι αν δω
μου συντροφεύουν το μυαλό.

Μία εκεί, μία εδώ
ποια είναι η πατρίδα που αγαπώ;
Κι ας περπατώ και προχωρώ
τίποτα εγώ δε λησμονώ.

Αγάπη εκεί, αγάπη εδώ
ποια είναι εκείνη που ζητώ
απ' την αρχή να αγαπηθώ
κι από τη λύπη να σωθώ.

Πατρίδα εκεί, πατρίδα εδώ
μια να διαλέξω δε μπορώ
μόνο συνέχεια αδημονώ
σ' άλλο ταξίδι να βρεθώ.

Χαμένη νιότη

Αγώνας ήταν η ζωή μου
μια άνιση διαδρομή
κανείς δε νοιάστηκε για μένα
με σκότωσαν απ' την αρχή.

Ποτέ δε χάρηκα λιγάκι
ποτέ δεν ένιωσα παιδί
στη λάσπη μέσα με βουτήξαν
ένα Μαγιάτικο πρωί.

Τα κομματάκια μου μοιράσαν
σε ντόπιους και περαστικούς
της νιότης θέλανε να πιούνε
τους τελευταίους μου χυμούς.

Να πιούν να νιώσουν και εκείνοι
παιδιά και έφηβοι ξανά
να μη φοβούνται το σκοτάδι
του πεθαμού τη μαχαιριά.

Μονόλογος

Ετούτη εδώ τη σκέψη μου
εσείς μην αρνηθείτε
να μη την κρίνετε σκληρά
μη την απαρνηθείτε.

Σκέψη με σκέψη που περνά
καθήστε και σκεφτείτε
το νόημα που ψάχνω εγώ
θα βρείτε, ναι μπορείτε.

Καθάριες είναι μα σκληρές
και νόημα γεμάτες
για προδοσίες θα μιλούν
για όνειρα που σβήνουν
και για ανθρώπους που πονούν
συχνά και μαραζώνουν.

Γιατί της σκέψης το σκοπό
κανείς δε τον μαθαίνει
κρυφτό θα παίζει στο σωρό
και πανικό θα φέρνει
σε τούτο το φτωχό μυαλό
που όλο γυροφέρνει.

Το τέλος

Απόγνωση αισθάνομαι
τα λογικά μου χάνω
το θάνατο σαν καρτερώ
κοντά του να 'μαι φτάνω
θα πάρει τις σταγόνες μου
της ζήσης της πλανεύτρας
θα τριγυρνά σα φάντασμα
θα τρώει και θα πίνει
το θάρρος μου τελείωσε
στο τέλος τι θα μείνει.

Ποιος θα μου δώσει γιατρειά
ποιος θα με βοηθήσει
ποιος την καρδιά μου που πονά
στο φως θα οδηγήσει
τι να προσμένω τώρα πια
είμαι ένα απομεινάρι
που τη ζωή μου προσπερνώ
σα κόκκινο φανάρι.

Θα καρτερέψω κι αν πονώ
το τέλος θα αντέξω
και το κορμί το άμοιρο
εγώ θα το γιατρέψω
θα φτάσω ως την κορυφή
τα σύννεφα θα πιάσω
και τη ζωή και τη χαρά
ξανά θα τη χορτάσω.

Και σαν το τέλος έρχεται
εγώ θα το διαλύσω

θα σκίσω την καλύπτρα του
στο φως θα το οδηγήσω
ο φόβος πάει χάθηκε
δε θα τον ανταμώσω
μα με καινούργια πια ψυχή
και το μυαλό θα σώσω.

Ερωτηματικά

Χαιρετώ τη μικρή θλιβερή παρουσία μου
που ασθμαίνει στην ανηφόρα της ανυπαρξίας
καθώς στοιχειώνει τα όνειρα που δεν εκπλήρωσα
ποιος ο λόγος να υπάρχω;

Κουρελιάζω τις μικρές μου προσδοκίες
αόρατες γίνονται στο φως του απομεσήμερου
το βράδυ θα φέρει καινούργιες θυσίες
ποιος ο λόγος να αντέχω;

Κοιτάζω το χάος που δημιούργησαν
οι μαύρες σκέψεις της παράνοιας
ξημερώνουν μέρες τόσο άδειες
ποιος ο λόγος να αναπνέω;

Τρέλα

Πάλι την τρέλα αντίκρυσα
πρωί πρωί που ξύπνησα
κι όλα μου φαίνονται στραβά
περίεργα κι ανήσυχα.

Πού είναι η λογική
πετάει εδώ πετάει παραπέρα
κι όλα τα βλέπω μαύρα εγώ
νυχτώνει πάλι η μέρα.

Τα μάτια ανοίγω και κοιτώ
τον τοίχο απέναντί μου
μα να μου φαίνεται λοιπόν
πως γέρνει προς τα μένα
να με πλακώσει έρχεται
όπως και το ταβάνι
να πέσει στο κορμάκι μου
ευθύς να το συντρίψει
κι όλη την πίκρα μου με μιας
αυτός να την καλύψει.

Και τα σεντόνια έπιασα
σα σίδερα τα νιώθω
και οι βοές του είναι μου
απόηχοι και πέφτω
μες το χωνί της τρέλας μου
που άλλο δεν αντέχω
να μου ρουφάει το μυαλό
και τη ψυχή που έχω
και να τα στέλνει μακριά
σε άλλες διαστάσεις.

Κι έτσι εγώ απέμεινα
κούφια και πάλι μόνη
παρέα με την τρέλα μου
που τα όνειρα στοιχειώνει.

Σταγόνες λύπης

Βαριά είναι τα σύννεφα
γεμάτα με σταγόνες
σταγόνες σα τις πίκρες μου
που διαρκούν αιώνες.

Τη λύπη τώρα εγώ κοιτώ
και πώς με κατακλύζει
πώς φτάνει ως τα εσώψυχα
και το κορμί ραγίζει.

Και το μυαλό μου κυνηγά
το κάνει και θολώνει
τις μαύρες μου τις σκέψεις μου
σιγά σιγά κυκλώνει.

Και τη μικρή μου ύπαρξη
γοργά εξαφανίζει
την κάνει να μαραίνεται
ξανά την πλημμυρίζει.

Άβυσσος

Βορρά στο πένθος θα δοθώ
δε θα λιποψυχήσω
και μες τον τάφο θα χωθώ
εκεί στο χώμα το νωπό
θα λιώσω θα σαπίσω.

Θα ανοίξω και τα χέρια μου
κοντά θα σε κρατήσω
δε θα με νοιάζει αν κι εγώ
γοργά σε συναντήσω.

Θα πορευτούμε εμείς μαζί
στου Χάρου τα σοκάκια
μα δε μας νοιάζει τίποτα
θα νιώθουμε παιδάκια.

Που κυνηγιούνται και γελούν
που παίζουν και φωνάζουν
το Χάροντα σα ξεγελούν
και τη ψυχή γλιτώνουν
αγνή αυτά θα την κρατούν
και δε θα τη λερώνουν.

Μα τίποτα δε μένει πια
γι' αυτά τα δύο τα κορμιά
που ο θάνατος σκεπάζει
και τη ζωή πώς τη ρουφά
στραγγίζει λίγο λίγο
και τα κουφάρια αδειανά
στο χώμα τα σκορπάει
και με τα μαύρα του φτερά
εκεί κοντά εκεί σιμά
θα είναι θα πετάει.

Χαμένα χρόνια

Αγάπη δίχως σύνορα
είναι η δική μου αγάπη
που προσπερνά εμπόδια
χτυπήματα και λάθη
και τίποτα πια δε μπορεί
εδώ να με κρατήσει
όπλο είναι η αγάπη μου
και θα πυροβολήσει.

Να πέσουνε τα σίδερα
που με κρατούν μακριά σου
πλεγμένα ατσάλι και φωτιά
μου βάζουν μην περάσω
μακριά σου τώρα με κρατούν
φοβούνται μη σε φτάσω.

Κι όσο κι αν πέφτουν πάνω μου
εγώ δε θα ουρλιάξω
και τις κραυγές που ένιωσα
εγώ θα τις φυλάξω.

Και όμορφο το δώρο μου
που έφτιαξα να στείλω
γεμάτο με χαμόγελα
αισθήματα και πόνο
θα μου κρατάει συντροφιά
τις νύχτες που ματώνω.

Τα δάκρια στραγγίσανε
ξερά είναι τα μάτια
να 'ρθω κοντά σου λαχταρώ
κι ας γίνω και κομμάτια.

Κι ενώ τις σκέψεις προσπαθώ
να βάλω σε μια τάξη
το χέρι σου ένιωσα απαλό
πάνω μου σαν μετάξι
και να πιστέψω δε μπορώ
πως γύρισες σε μένα
τα περασμένα ξέχασα
τα χρόνια τα χαμένα.

www.ingramcontent.com/pod-product-compliance
Lightning Source LLC
Chambersburg PA
CBHW050209130526
44590CB00043B/3361